# BEI GRIN MACHT SICH IHR WISSEN BEZAHLT

- Wir veröffentlichen Ihre Hausarbeit, Bachelor- und Masterarbeit

- Ihr eigenes eBook und Buch - weltweit in allen wichtigen Shops

- Verdienen Sie an jedem Verkauf

Jetzt bei www.GRIN.com hochladen und kostenlos publizieren

**Bibliografische Information der Deutschen Nationalbibliothek:**

Die Deutsche Bibliothek verzeichnet diese Publikation in der Deutschen Nationalbibliografie; detaillierte bibliografische Daten sind im Internet über http://dnb.d-nb.de/ abrufbar.

Dieses Werk sowie alle darin enthaltenen einzelnen Beiträge und Abbildungen sind urheberrechtlich geschützt. Jede Verwertung, die nicht ausdrücklich vom Urheberrechtsschutz zugelassen ist, bedarf der vorherigen Zustimmung des Verlages. Das gilt insbesondere für Vervielfältigungen, Bearbeitungen, Übersetzungen, Mikroverfilmungen, Auswertungen durch Datenbanken und für die Einspeicherung und Verarbeitung in elektronische Systeme. Alle Rechte, auch die des auszugsweisen Nachdrucks, der fotomechanischen Wiedergabe (einschließlich Mikrokopie) sowie der Auswertung durch Datenbanken oder ähnliche Einrichtungen, vorbehalten.

**Impressum:**

Copyright © 2016 GRIN Verlag, Open Publishing GmbH
Druck und Bindung: Books on Demand GmbH, Norderstedt Germany
ISBN: 9783668456969

**Dieses Buch bei GRIN:**

http://www.grin.com/de/e-book/367052/die-entwicklung-des-zionismus-bis-zur-staatsgruendung-israels

Corinna Dörr, Till Schapdick

# Die Entwicklung des Zionismus bis zur Staatsgründung Israels

GRIN Verlag

**GRIN - Your knowledge has value**

Der GRIN Verlag publiziert seit 1998 wissenschaftliche Arbeiten von Studenten, Hochschullehrern und anderen Akademikern als eBook und gedrucktes Buch. Die Verlagswebsite www.grin.com ist die ideale Plattform zur Veröffentlichung von Hausarbeiten, Abschlussarbeiten, wissenschaftlichen Aufsätzen, Dissertationen und Fachbüchern.

**Besuchen Sie uns im Internet:**

http://www.grin.com/

http://www.facebook.com/grincom

http://www.twitter.com/grin_com

# Die Entwicklung des Zionismus bis zur Staatsgründung Israels

Facharbeit im Grundkurs „Gesellschaftslehre mit Geschichte"
Corinna Dörr, Till Schapdick
Gesellschaftslehre mit Geschichte

05.12.2016

Berufskolleg Wesel

# Inhaltsverzeichnis

1. Einleitung ................................................................................................................................ 3
2. Grundlagen ............................................................................................................................ 3
    2.1. Definition „Zionismus" ................................................................................................... 3
    2.2. Geographische Lage und allgemeine Informationen zu Israel ....................................... 3
3. Die Entwicklung des Zionismus ............................................................................................. 4
    3.1. Geburtsstunde des Zionismus ........................................................................................ 4
        3.1.1. Der Zionismus als politische Bewegung ................................................................. 4
    3.2. Der Kulturzionismus ....................................................................................................... 4
    3.3. Der Zionismus und die arabische Frage ......................................................................... 5
4. Der Weg zum eigenen Staat .................................................................................................. 5
    4.1. Die Bevölkerungsentwicklung zu Beginn des 20. Jahrhunderts ..................................... 5
    4.2. Die Briten im Heiligen Land ............................................................................................ 6
        4.2.1. Der erste Weltkrieg ................................................................................................ 6
        4.2.2. Der Weg ins Heilige Land ....................................................................................... 7
        4.2.3. Der zweite Weltkrieg und der UN- Teilungsplan ................................................... 8
    4.3. Die Proklamation des Staates Israels ............................................................................. 9
        4.3.1. Die Proklamation .................................................................................................... 9
        4.3.2. Unabhängigkeitskrieg ............................................................................................. 9
5. Schlussbetrachtung ............................................................................................................... 9
6. Anhang ................................................................................................................................. 11
Literaturverzeichnis ................................................................................................................. 11

## 1. Einleitung

Im Rahmen der Facharbeit wird auf die Entwicklung des Zionismus bis hin zur Staatsgründung Israels genauer eingegangen. Die zentrale Frage, die mithilfe geeigneter Fachliteratur genauer untersucht wird, lautet, welche Auswirkungen die Entwicklung des Zionismus und die Auseinandersetzungen zwischen den Juden und Arabern im Heiligen Land auf dem Weg zum Staate Israel hatten. Die Motivation hinter dieser Fragestellung sind die vielen unterschiedlichen Berichterstattungen über die heute immer noch vorhanden Auseinandersetzungen in Israel und das fehlende Hintergrundwissen über die Entstehung und Entwicklung des Landes. Diese Informationen sind wichtig, um die heutigen Konflikte nachvollziehen und verstehen zu können, warum beide Völker das Land für sich selber beanspruchen.

## 2. Grundlagen

### 2.1. Definition „Zionismus"

Der Begriff Zionismus bezeichnet eine jüdische Bewegung, die zum Ziel hatte, einen eigenen Staat für die Juden zu schaffen.[1] Andere Autoren beziehen den Ursprung des Zionismus auf die Herkunft des Wortes „Zion". Zion beschreibt eine auf einer Anhöhe gelegene Burg in Jerusalem. Jedoch geht auch Gohlke auf die nationalistische-ideologische Bewegung ein, die die Gründung eines eigenen jüdischen Staates anstrebte.[2]

### 2.2. Geographische Lage und allgemeine Informationen zu Israel

Israel hat eine Fläche von 22.145 km² und ist somit etwa halb so groß wie die Schweiz. An Israel grenzen Länder wie Libanon im Norden, Syrien im Nordosten, Jordanien im Osten und Ägypten im Südwesten. Die Hauptstadt Israels ist Jerusalem. Die Sprachen Hebräisch und Arabisch sind die offiziellen Amtssprachen. Die Bevölkerung setzt sich aus Arabern, Israeliten, Palästinensern, Türken und Armeniern zusammen.[3] Israel ist somit ein sehr vielseitig bevölkertes Land.

---

[1] (vgl. Duden, 2016)
[2] (vgl. Gohlke, 2016)
[3] (vgl. Ellen, 2006)

## 3. Die Entwicklung des Zionismus

### 3.1. Geburtsstunde des Zionismus

Unabhängig davon, in welchen Teilen der Erde sich die Juden befanden, verloren sie jedoch nie die Verbundenheit zu ihrem eigentlichen Heimatland, welches sie Israel nannten.[4] "Wenn ich dich je vergesse, Jerusalem, dann soll mir die rechte Hand verdorren".[5] Ende des 19.Jh. gaben sich die Juden jedoch nicht mehr mit dieser Verbundenheit zufrieden. Sie wollten ihren eigenen Staat in dem Land, dass die Römer als Bestrafung Palästiner genannt hatten.[6] Aufgrund dieser Forderung gründete Theodor Herzl den politischen Zionismus.[7]

#### 3.1.1. Der Zionismus als politische Bewegung

„Die(se) Bewegung forderte ab 1897 eine >>öffentlich- rechtlich gesicherte Heimatstätte in Palästina<< für das jüdische Volk."[8] Diese Forderungen gingen zurück auf Versprechungen Großbritanniens im Ersten Weltkrieg, dass die Juden einen eigenen Staat bekämen. Jedoch waren sie nicht die einzigen, die solche Versprechungen erhielten. Diese widersprüchlichen Versprechungen liegen dem Nahostkonflikt zugrunde. In Palästina kam es immer mehr zu großen Zusammenstößen zwischen Juden und Arabern, da die jüdische Einwanderung im Laufe der Jahre immer größer wurde. Einen besonders starken Zuwachs der jüdischen Bevölkerung gab es 1933 in Folge des immer mehr aufkommenden Antisemitismus in Deutschland.[9]

Die zunehmende Verfolgung von Juden war ein ausschlaggebender Grund für die fortschreitende Radikalisierung der zionistischen Bewegung. Vermehrt bildeten sich jüdische Untergrundgruppen, die unter Einsatz von Gewalt ihre Ideale zum Ausdruck bringen wollten. Im Zuge dessen proklamierte David Ben Gurion den Staat Israel am 14. Mai 1948.[10]

### 3.2. Der Kulturzionismus

Im Gegensatz zu Herzls politischem Zionismus, befasste sich der unter dem Pseudonym bekannte Achat Ha'am mit der Erhaltung der jüdischen Kultur und sorgte so für eine zweite Form des Zionismus, die andere Ideale aufwies.[11] „Herzl wollte einen Judenstaat, Ha'am

---

[4] (vgl. Brenner, 2016)
[5] (Brenner, Behörde für politische Bildung, 2016)
[6] (vgl. Brenner, 2016)
[7] (vgl. Ellen, 2006)
[8] (Ellen, 2006)
[9] (vgl. Ellen, 2006)
[10] (vgl. Ellen, 2006)
[11] (vgl. Brenner, Behörde für politische Bildung, 2016)

einen jüdischen Staat."[12] Herzls Judenstaat hatte mit jüdischen Kultur wenig zu tun. Ihm ging es zwar um jüdische Bewohner, jedoch verfolgte er einen anderen Staatsaufbau als unter Juden üblich. Israel sollte ein moderner Sozialstaat sein, der wie in Europa typische Strukturen aufwies. Ha'am dagegen legte seinen Fokus auf konservative jüdische Werte. Die jüdische Religion wie er sie kannte, sollte erhalten bleiben. Außerdem kritisierte er, dass sich die ebenfalls in Israel lebende arabische Bevölkerung nicht so einfach mit Herzls Plänen des Sozialstaates abfinden würde. [13]

Am Beispiel des politischen und Kulturzionismus zeigt sich, dass die zionistischen Grundsätze immer wieder korrelierten, was zu keinem einheitlichen Staat führen konnte. Ein einheitliches israelisches Bild konnte somit nach außen hin nicht existieren.

### 3.3. Der Zionismus und die arabische Frage

Nicht nur innerhalb der Zionisten kam es zu Kontroversen, sondern auch zwischen den Arabern und den Juden. 1921 kam es zu blutigen Ausschreitungen, die die Zionisten auf die Arabische Frage zurückkommen ließen. Die Zionisten mussten sich von nun an auf die arabische Welt einlassen und deren Vorstellungen vom Leben in Palästina entgegenkommen. Die gegenseitige Achtung und das Leben in Eintracht war von immenser Bedeutung um den Frieden wieder herzustellen. Dazu erließen sie eine Erklärung im Zionisten Kongress 1921. Doch wieder korrelierten die Meinungen der Zionisten und die Erklärung wurde viel diskutiert. Jedoch wurde in den Auseinandersetzungen deutlich, dass umso mehr es um politische Fragen und eigenen Boden in Palästina ging, wurde der Streit mit den Arabern umso größer.[14] Hier wird deutlich, dass Ha'am's Kritik nicht unbegründet war. Die Araber waren mit Herzls politischem Zionismus ganz und gar nicht einverstanden und so kam es immer wieder zu gewalttätigen Auseinandersetzungen zwischen Arabern und Juden. Ging es jedoch mehr um kulturelle Fragen wie der Erhaltung des Judentums als Kultur, wurden die Auseinandersetzungen weniger.

### 4. Der Weg zum eigenen Staat
### 4.1. Die Bevölkerungsentwicklung zu Beginn des 20. Jahrhunderts

Die Einwanderung vor der Staatsgründung wird in fünf Phasen unterteilt. Diese Einwanderungswellen wurden als Alija bezeichnet. Die erste Alija fand zwischen 1882 und 1903 statt. Als Reaktion auf Progrome in Südrussland flüchteten 25.000 russische und

---
[12] (vgl. Brenner, Behörde für politische Bildung, 2016)
[13] (vgl. Brenner, Behörde für politische Bildung, 2016)
[14] (vgl. Siegemund, 2016)

rumänische Juden. Es führte zu einem ersten wirtschaftlichen Aufschwung. 1904 bis 1914 folgte die zweite Alija. Diesmal waren es 40.000 Juden, die zur russischen Arbeiterschaft gehörten. Sie wurden ebenfalls Opfer von Antisemitismus. Durch die Balfour-Erklärung und dem Aufschwung der zionistischen Bewegung wanderten weitere rund 35.000 Juden ein. Die dritte Alija fand zwischen 1919 und 1923 statt.[15] Die Balfour- Erklärung bezeichnete die Erlaubnis eine jüdische Heimstätte zu errichten.[16] Wiederum durch antisemitistische Verfolgungen und die Chancen sich wirtschaftlich zu entfalten, kamen 80.000 Juden, vor allem aus der Sowjetunion und Polen nach Palästina. Die erste palästinische Infrastruktur entwickelte sich. Im Gegensatz zu den vorherigen Einwanderungswellen war die fünfte Alija riesig. Zwischen 1932 und 1939 kamen rund 200.000 Juden, die durch die Nationalisten Deutschland aus ihren Heimatländern flüchteten. In den nächsten sechs Jahren folgten aufgrund dessen noch weitere 70.000. Das einst kleine Palästina hatte am Vorabend der Staatsgründung Israels eine stattliche Bevölkerungsgröße. Es lebten nun 600.000 Menschen dort.[17]

## 4.2. Die Briten im Heiligen Land
### 4.2.1. Der erste Weltkrieg

Nicht nur die Behörde für politische Bildung, sondern auch andere Autoren wie Martin Kloke messen dem ersten Weltkrieg in der Entwicklung Israels eine große Bedeutung zu. Kloke berichtet davon, dass sich der Kampf um den Nahen Osten während des ersten Weltkrieges schnell zuspitzte, was daran lag, dass sich das Osmanische Reich dafür entschied, an der Seite Deutschlands und Österreich-Ungarns zu kämpfen. Allen Erwartungen zum Trotz brach das Osmanische Reich nicht zusammen und erkämpfte sich mit Deutschland zusammen den Weg bis hin zum Suezkanal. Daraufhin bediente sich Großbritannien einer Doppelstrategie und machte sowohl den Juden als auch den Arabern Versprechungen, um sie auf ihre Seite zu ziehen. Im geheimen trafen Großbritannien und Frankreich jedoch Absprachen, um die arabischen Gebiete entgegen ihrer eigentlichen Versprechen zu teilen. Palästina sollte international aufgeteilt werden.[18] Jüdische Arbeiter Palästinas wurden vor allem durch den osmanischen Druck radikalisiert, wodurch es zu Bildungen jüdischer Legionen kam. Dies geschah vor allem in Russland, später jedoch auch in den USA. Die Arbeiter reagierten „zionistisch" und wollten Tatsachen schaffen, anstatt nur über mögliche Lösungen zu

---

[15] (vgl. Schneider, 2016)
[16] (vgl. m-haditec GmbH, 2016)
[17] (vgl. Schneider, 2016)
[18] (vgl. Kloke, 2016)

diskutieren. Der Zionismus interessierte die Juden in Amerika vor dem ersten Weltkrieg sehr wenig. Erst durch den Krieg und die damit zusammenhängenden Verfolgungen zeigen sie Mitgefühl und Solidarität. Sie gründeten ein Hilfskomitee um den populären jüdischen Antikorruptionsanwalt Louis Demblitz herum, der als Präsident in die Verantwortung gezogen wurde. Durch diese Intervention versuchten die Mittelmächte auf die türkische Regierung einzuwirken und damit den Repressalien gegen die Juden dort entgegenzuwirken. [19]

## 4.2.2. Der Weg ins Heilige Land

Der „Arabische Aufstand", der als militärischer Beitrag der Araber das Bündnis mit den Briten stärken sollte, begann entgegen gesetzt der eigentlichen Erwartungen am 05.Juni 1916 auf der Arabischen Halbinsel und nicht im Heiligen Land. Hierbei ging es vor allem um die Vertreibung der Türken aus den arabischen Ländern und darum, dass die Araber nicht mehr unter den türkischen Unterdrückungen leiden wollten. Diese Gründe lagen auch den Versprechungen der Briten zugrunde, die den Arabern versprachen, ein unabhängiges arabisches Königreich zu gründen. Fast gleichzeitig mit dem arabischen Aufstand stellten die Briten jedoch andere Pläne auf. Sie teilten die erhoffte osmanische Beute mit den Franzosen, Italienern und Griechen untereinander auf. Die Briten sollten dabei das Heilige Land sowie Mesopotamien erhalten. Die Aufteilungspläne fanden damals schon statt, obwohl alles noch in osmanischem Besitz lag und die Briten eigentlich andere Versprechen gemacht hatten. Zusätzlich dazu versprachen sie auch noch den jüdischen Zionisten Anfang November 2017 das Heilige Land. Somit beanspruchten neben den Arabern auch die Briten und die Zionisten das Heilige Land für sich. Bevor die Briten also überhaupt im Besitz dieses Landes waren, handelten sie schon als wären sie es. Im Herbst 1918 war es endlich soweit. Die Britten hatten das Heilige Land sowie Syrien und den Libanon erobert und konnten sich endlich Eigentümer über das Heilige Land nennen. Zionisten sowie palästinische Nationalisten waren voller Erwartungen und hofften, dass die Briten sie endlich befreien würden. Es kam jedoch anders als erwartet. Die Briten ließen sich ihren Siegeszug vor dem Völkerbund legitimieren. Sie waren jetzt hochoffiziell die Eigentümer, was jedoch völkerrechtlich als Mandat verkauft wurde. Wenn man die genaue Bedeutung betrachtet, wird klar, dass die Einwohner des Nahen Ostens nicht als eigenständige Menschen betrachtet wurden. Denn Treuhandschaften, wie das Mandat, werden normalerweise über unmündige Menschen übernommen. Sie wurden als unselbstständig, untertänig und nicht reif dargestellt, selber über ihr eigenes Land herrschen

---

[19] (vgl. Kloke, 2016)

zu können, dargestellt. Schnell wurde somit klar, dass die Siegermächte nicht so schnell gewillt sein würden, die Länder den eigentlichen Völkern zu überlassen. Schlimmer noch, sie verfolgten das Ziel diese Mandate später in Kolonien umzuwandeln. Keine der beiden hintergangenen Länder dachten auch nur daran, dieses mal wieder den Worten der Briten zu trauen. Die Zionisten sowie die Palästina verfolgten das Ziel die Briten wieder aus ihrem eigenen Land zu vertreiben. Über die Methoden gab es heftige Streits untereinander. Die Zionisten handelten jedoch wesentlich politischer als es die Palästinenser taten. Sie waren zunächst der Meinung, sie könnten mit den Briten wesentlich mehr erreichen, als wenn sie sich gegen sie stellen würden. [20]

### 4.2.3. Der zweite Weltkrieg und der UN- Teilungsplan

Innerpolitisch war die Meinung jedoch lange nicht unbestritten, den Briten erst einmal nicht entgegen zu treten. Diese Stimmen wurden immer lauter, als es während des Zweiten Weltkrieges zu Einschränkungen der Briten bezüglich der jüdischen Einwanderung kam. Dies führte zu heftigen Streits innerhalb der Zionisten, da die Engländer den Flüchtlingen die Einreise verweigerte oder sie sogar zurück nach Europa schickte und somit ihr Todesurteil unterzeichnete. Jedoch waren nicht nur die Engländer gegen die massiven jüdischen Einwanderungen sondern auch immer mehr die Palästinenser. Somit entstanden quasi zwei Frontenkriege. Einerseits kämpften die Juden und die Palästinenser gegeneinander, andererseits wurden auch die Widerstände gegen die britische Herrschaft beider Lager immer größer. Im Heiligen Land wurde das Chaos immer größer und die Briten waren nicht mehr in der Lage in dem Land für Ordnung zu sorgen. Dies führte schließlich dazu, dass die Briten von ihrem Mandat zurücktraten und die Frage, wem das Land gehört, der neugegründeten UN (United Nations) übergaben. Diese gründete einen elfköpfigen Sonderausschuss UNSCOP, welcher höchstpersönlich im Juni und Juli 1947 nach Palästina reiste. Die Mehrheit dieses Ausschusses entschied sich schließlich dafür, für eine Teilung des eh schon zerrissenen Landes in einen jüdischen und einen arabischen Teil. Dieser Teilungsplan musste jedoch noch von der Generalversammlung der UN verabschiedet werden. Am 29. November 1947 war es letztendlich soweit. Dem Teilungsplan wurde in der Resolution 181 mit 33 zu 13 Stimmen und 10 Enthaltungen zugestimmt. Jedoch waren nicht alle im Heiligen Land von dem Teilungsplan überzeugt. Während das jüdische Lager begeistert war, fühlte sich das arabische Lager übergangen und schon wieder ihrem Besitz beraubt. Somit kam es nach der Entscheidung auch zu arabischen Unruhen und weiteren militanten Auseinandersetzungen

---

[20] (vgl. Wolffsohn, 2016)

zwischen Juden und Arabern, bei denen es zu hunderten Toten kam. Jüdische Gruppen, wie die Hagana oder Untergrundorganisationen, wie Ezel eroberten im Zuge dieser Auseinandersetzungen mit den Arabern auch Gebiete, die ihnen durch den UN-Teilungsplan eigentlich gar nicht zugedacht waren. [21]

### 4.3. Die Proklamation des Staates Israels
### 4.3.1. Die Proklamation

Am 14. Mai verlas der jüdische Ministerpräsident David Ben Gurion die Unabhängigkeitserklärung Israels, als Reaktion auf die Abziehung britischer Truppen und die Teilung der UN von Palästina. Daraufhin floh ein großer Teil der arabischen Bevölkerung und radikalisierte Gruppierungen beider Seiten sorgten für ein angespanntes Verhältnis um das Gebiet Palästina. Am 11.12.1948 bekräftigte die UN die arabische, aus Palästina stammende Bevölkerung, in ihr Land zurückzukehren. Die Juden und Araber schlossen zunächst Waffenstillstand, jedoch kam kein Friedensvertrag zustande, woraus ein erneuter Krieg um das neu entstandene Israel begann. Die Spannungen dauern bis heute an, bis jetzt konnte keine Einigung beider Seiten stattfinden.[22]

### 4.3.2. Unabhängigkeitskrieg

Der israelische Unabhängigkeitskrieg oder auch Palästinakrieg genannt, fand als Reaktion auf die israelische Unabhängigkeitserklärung statt. Die arabischen Nachbarstaaten, wie Jordanien, Ägypten, Irak und der Libanon bildeten ein Bündnis, um den gemeinsamen Feind Israel das Land Palästina abzunehmen.[23] Offiziell begann der Krieg am 15. Mai, kurz nach Mitternacht. Die arabischen Staaten begannen den Krieg als direkte Antwort auf die einen Tag zuvor verlesene Unabhängigkeitserklärung, die keiner außer die jüdischen Bewohner Israels akzeptieren wollte. Trotz der militärischen Überlegenheit konnte das Bündnis der arabischen Staaten nur maximal bis 50 km vor Tel Aviv, der israelischen Hauptstadt, vordringen. Die arabischen Staaten konnten trotz oder wegen des übereilten Bündnisses kein Vertrauen zueinander aufbauen und mussten somit jederzeit mit einem militärischen Schlag aus den eigenen Reihen rechnen. Israel hatte die persönliche Motivation ihre Existenz zu verteidigen und kämpften so mit riesigem Ehrgeiz. Als Reaktion auf den Konflikt sorgte die UN 1949 dafür, dass Israel 78% Palästinas behielt. Bis heute akzeptiert jedoch keiner dieser Staaten offiziell diese Entscheidung.[24]

## 5. Schlussbetrachtung

---
[21] (vgl. Behörde für politische Bildung, 2016)
[22] (vgl. Judentum Projekt, 2016)
[23] (vgl. Israelmagazin, 2016)
[24] (vgl. Tagesschau, 2016)

Die Lage im Nahen Osten und besonders in Israel wird vermutlich auch in den nächsten Jahren angespannt bleiben. Dies ist auf der Grundlage der zuvor näher erläuterten Problematik äußerst verständlich. Keines der Völker möchte auf ihr eigenes Land verzichten oder dass das Land eingeschränkt und geteilt wird. Die kulturellen Unterschiede sind zu groß und die vergangenen Auseinandersetzungen werden immer in den Köpfen weiterleben, weswegen ein friedliches Leben nebeneinander in einem Land fast unmöglich ist.

# 6. Anhang
## Literaturverzeichnis

*Behörde für politische Bildung*. (03. 12 2016). Von Chronologie der Staatsgründung Israels: http://www.bpb.de/fsd/israel/index.php abgerufen

Brenner, M. (12. November 2016). *Behörde für politische Bildung*. Von http://www.bpb.de/internationales/asien/israel/44941/was-ist-zionismus abgerufen

Brenner, M. (12. November 2016). *Behörde für politische Bildung*. Von http://www.bpb.de/internationales/asien/israel/44945/politischer-und-kulturzionismus abgerufen

*Duden*. (12. November 2016). Von Das Online-Wörterbuch: http://www.duden.de/rechtschreibung/Zionismus abgerufen

Ellen, A. u. (2006). *GEO Themenlexikon - Unsere Erde 2*. (P.-M. Gaede, Hrsg.) Mannheim, Deutschland: GEO.

Gohlke, J. (12. November 2016). *Judentum-Projekt*. Von http://judentum-projekt.de/persoenlichkeiten/geschichte/herzl/index.html abgerufen

*Israelmagazin*. (02. 12 2016). Von http://www.israelmagazin.de/geschichte/israelischer-unabhaengigkeitskrieg abgerufen

*Judentum Projekt*. (02. 12 2016). Von http://judentum-projekt.de/geschichte/staatisrael/proklamation/index.html abgerufen

Kloke, M. (17. November 2016). *Europäische Geschichte Online*. Von file:///H:/klokem-2010-de.pdf abgerufen

m-haditec GmbH. (17. November 2016). *Enzyklopädie des Islams*. Von http://www.eslam.de/begriffe/b/balfour-deklaration.htm abgerufen

Schneider, J. (17. November 2016). *Behörde für politische Bildung*. Von http://www.bpb.de/gesellschaft/migration/laenderprofile/57631/historische-entwicklung?p=all abgerufen

Siegemund, A. (12. November 2016). *Behörde für politische Bildung*. Von http://www.bpb.de/internationales/asien/israel/44982/arabische-frage abgerufen

*Tagesschau*. (02. 12 2016). Von https://www.tagesschau.de/ausland/meldung338280.html abgerufen

Wolffsohn, M. (01. 12 2016). *Behörde für politische Bildung*. Von http://www.bpb.de/internationales/asien/israel/44971/briten-im-heiligen-land abgerufen

# BEI GRIN MACHT SICH IHR WISSEN BEZAHLT

- Wir veröffentlichen Ihre Hausarbeit, Bachelor- und Masterarbeit

- Ihr eigenes eBook und Buch - weltweit in allen wichtigen Shops

- Verdienen Sie an jedem Verkauf

Jetzt bei www.GRIN.com hochladen und kostenlos publizieren